Humanistische Lebenskunde

Band I

Luke Broshog

Humanistischer Verband Deutschlands, Landesverband Berlin-Brandenburg KdöR

Impressum

Schulbuch für den Humanistischen Lebenskundeunterricht

Redaktion: Patricia Block, Katrin Filler, Katharina Kavalirek, Sabine Klingelhöfer, Jaap Schilt, Sven Thale

Illustration und Grafik Design: Anja von der Ahé

Cover: International Space Station with ATV-2 and Endeavour10 ©ESA/NASA

1. Auflage: 2019
Druck: Pinguin Druck, Berlin

ISBN: 978-3-924041-43-4

Wallstraße 61-65, 10179 Berlin

Tel: 030 - 61390460
E-Mail: info@lebenskunde.de
Web: www.lebenskunde.de

HVD
Humanistischer Verband
Deutschlands | Berlin-Brandenburg

INHALTSVERZEICHNIS

Echt stark!
Wie wir!

Naturzugehörigkeit

Ich bin Teil der Natur

Wir Menschen sind Teil der Natur und lernen, sie zu achten. Wir nehmen die Welt mit unseren Sinnen wahr. Menschen können nicht alles und haben Grenzen.

SO BIN ICH ...

Aufgaben: 1. Was siehst du?
2. Warum sieht das Kind in jedem Spiegel etwas anderes?
3. Suche dir ein Spiegelbild aus
und erzähle dazu eine Geschichte.
4. Was siehst du, wenn du selbst in den Spiegel schaust?

Aufgaben: 5. Wer bist du – wer möchtest du sein?
6. Was passt zu dir?
7. Male dich selbst.

DAS KANN ICH!

Aufgaben: 1. Was kannst du schon?
2. Was würdest du gerne können?
3. Ist es wichtig, etwas gut zu können? Warum?

KANN JEDER ALLES?

Aufgaben 1. Was können die Figuren auf den Fotos besonders gut?
2. Was könnten die Betrachter darüber denken?
3. Kann jeder alles?

Aufgaben: 1. Beschreibe das Bild. Was entdeckst du alles?
2. Was tun die Kinder?

Aufgaben: 3. Mit welchen Sinnen nehmen die Kinder ihre Umwelt wahr?
4. Sind alle Sinne gleich wichtig?

Ich bin Teil der Natur

ICH BRAUCHE DIE NATUR ...

Aufgaben: 1. Beschreibe, was du siehst.
2. Erzähle, wo auf dem Bild Menschen die Natur nutzen.
3. Erkennst du, wo auf dem Bild Menschen die Natur verschmutzen? Wie?

... UND BIN EIN TEIL VON IHR

Aufgaben: 4. Macht eine Gedankenreise:
Überlegt, was ihr in der Natur Schönes erlebt habt.
5. Erzählt den anderen von euren Erfahrungen.

WELCHE TIERE GIBT ES BEI UNS ...

Aufgaben:
1. Betrachte die Tiere auf dem Bild.
2. Welche Tiere könnten auf dem Schulhof gut leben, welche nicht?

... UND WAS BRAUCHEN SIE?

Aufgaben: 3. Welchen Tieren geht es auf dem Schulhof nicht so gut? Warum?

4. Kümmerst du dich um Tiere? Erzähle!

SIND ALLE TIERE ...

Aufgaben: 1. Beschreibe das Bild.
2. Welche Arten von Tieren erkennst du?
3. Würde dir etwas fehlen, wenn es keine Kühe gäbe?
4. Ist dein Haustier auch dein Freund?

Aufgaben: 5. Was musst du tun, damit es deinem Haustier gut geht?
6. Haben Tiere Gefühle?
7. Welche Tiere magst du besonders gern? Welche gar nicht?
8. Darf man Tiere töten? Wenn ja, welche?

KAPITEL 2

Verbundenheit

Ich und die anderen

Für uns Menschen ist Gemeinschaft wichtig, denn wir brauchen die anderen, um uns zu entwickeln. Wir lernen, Verantwortung für uns und andere zu übernehmen. Wir erfahren, dass Konflikte zum Leben dazugehören und wie man sie gut lösen kann.

MANCHMAL ...

Aufgaben: 1. Wie fühlen sich die Kinder auf den Bildern?
2. Woran kannst du ihre Gefühle erkennen?
3. Hast du diese Gefühle schon erlebt?

Aufgaben: 4. Welche Gefühle kennst du noch?
5. Stelle ein Gefühl ohne Worte dar.
Erratet gemeinsam, um welches Gefühl es geht.
6. Darf man auch wütend sein?

GLÜCK IST, WENN ...

Aufgaben: 1. Vergleiche die Bilder. Was macht die Kinder glücklich?
2. Kannst du Glück im Körper spüren? Wo?
3. Male, wann du dich glücklich fühlst.
4. Gestaltet mit euren Bildern gemeinsam eine Collage.

WAS MACHT MICH GLÜCKLICH?

Aufgaben:
1. Lest euch die Sätze vor.
2. Welcher Satz gefällt dir gut und warum?
3. Brauchst du andere, um glücklich zu sein?

FAMILIE ...

Aufgaben: 1. Suche dir ein Bild aus und beschreibe es.
2. Vergleiche die Familien:
Was ist ähnlich, was ist unterschiedlich?
3. Welche Familie würdest du gerne kennenlernen? Warum?

... VERBINDET

Aufgaben:

4. Male oder bastle deine eigene Familie.
5. Stelle deine Familie den anderen vor.
6. Erzähle an einem Beispiel, wann dich jemand aus deiner Familie unterstützt hat (oder du ihn).

WAS BEDEUTET ...

Aufgaben: 1. Schaue dir die Bilder an. Was hast du selbst schon erlebt?
2. Suche dir ein Bild aus und beschreibe, wie sich die Menschen fühlen.

... FAMILIE FÜR MICH?

Aufgaben:
3. Würde dir ohne deine Familie etwas fehlen?
4. Was machst du mit deiner Familie besonders gerne?
5. Was wünschst du dir von deiner Familie? Schreibe es auf.

WIE WICHTIG ...

Aufgaben:
1. Beschreibe das Bild.
2. Woran erkennst du, dass die Kinder befreundet sind?
3. Warum magst du deine Freunde?

... SIND FREUNDE?

Aufgaben: 1. Was könnte der Junge seinem Freund antworten?
2. Was wäre, wenn du keine Freunde hättest?
3. Male dich mit deinem Freund oder deiner Freundin.

WIE SIND GUTE FREUNDE?

Mein Freund/meine Freundin ...

... muss lustig sein.

... muss immer zu mir halten.

... muss immer tolle Klamotten anhaben.

... darf nicht mit anderen befreundet sein.

... muss ein Geheimnis für sich behalten.

... darf nicht mit mir streiten.

Aufgaben:
1. Lest euch die Sätze vor.
2. Welchem Satz stimmst du zu?
3. Begründe deine Meinung.
4. Was kannst du tun, um ein guter Freund oder eine gute Freundin zu sein?

Was soll Wolodja tun?

*Wolodja kommt nach der Pause in die Klasse zurück.
Beim Reinkommen sieht er, wie sein Freund Paul den Füller aus der Federtasche von Anna nimmt und in seiner Schultasche verschwinden lässt.
Paul bemerkt nicht, dass Wolodja ihn beobachtet.
Jetzt kommen auch alle anderen Kinder aus der Pause zurück, zusammen mit der Lehrerin.*

*Am Anfang der Stunde entdeckt Anna, dass ihr Füller fehlt.
Sie sucht in ihrer Federtasche und in ihrem Schulranzen und wird immer unruhiger.
„Mein Füller ist weg!" ruft sie, „aber in der vorigen Stunde habe ich doch noch damit geschrieben."
Sie schaut unter den Stuhl, unter den Tisch. Aber der Füller ist weg.
„Das war bestimmt Tim!", sagt ein Mädchen aus der ersten Reihe, „der hat mir doch neulich auch meinen Schokoriegel einfach weggenommen."
„Stimmt doch gar nicht!
Ich war das nicht! Was soll ich denn auch mit so einem blöden Mädchenfüller?", ruft Tim.
„Das ist kein blöder Mädchenfüller! Den hat mir mein Opa zum Geburtstag geschenkt!", sagt Anna und fängt an zu weinen.
Paul guckt auf sein Heft und tut so, als ginge ihn das alles nichts an.*

*Wolodja weiß nicht, was er machen soll. Er findet nicht richtig, was Paul getan hat, aber Paul ist doch sein bester Freund - und Anna tut ihm leid.
Und Tim soll nicht beschuldigt werden, wenn er gar nichts gemacht hat. Die Lehrerin will den Vorfall nachher im Klassenrat klären.*

Aufgaben:
1. Versetze dich in die Lage von Wolodja. Wie fühlt sich das an?
2. Was würde dir in seiner Lage durch den Kopf gehen?
3. Wie könnte Wolodja sich entscheiden?
4. Was würdest du tun?
5. Fällt dir die Entscheidung schwer? Wenn ja, warum?

WIE WOLLEN WIR ...

Aufgaben:
1. Beschreibe, was du auf dem Bild erkennst.
2. Wo würdest du gerne mitmachen? Warum?
3. Suche dir ein Kind aus. Wie fühlt es sich?
4. Wie gehen die Kinder miteinander um?
5. Warum ist es richtig, gut miteinander umzugehen?

Aufgaben:
6. Geht es auch ohne Regeln?
7. Was sollen andere tun, damit du gerne in die Schule kommst? Male ein Bild dazu.
8. Gestaltet damit gemeinsam ein Plakat.

MANCHMAL ...

?
Immer läufst du uns hinterher!
Bild 1
← Pia und Lilli →
Mach` ich nicht.
Außerdem ist Leila M E I N E Freundin.
Bild 2
Wieso kann ich nicht mitspielen?
Weil es mit dir keinen Spaß macht. Das wissen alle.
Bild 3

... GIBT ES STREIT

Bild 4

Bild 5

Aufgaben: 1. Warum streiten sich die Mädchen?
2. Darf man andere vom Spielen ausschließen?
3. Stellt euch vor, Leila kommt dazu.
Überlegt in kleinen Gruppen, was dann passiert.
Spielt das vor.
4. Malt die Geschichte zu Ende.

Die Lehrerin sagt, alle Menschen sind gleich. Aber Toni traut sich schon Skateboard zu fahren und ich mich nicht!
Aber du dürftest es.

Gleichheit

Alle Menschen sind verschieden, aber alle sind gleich viel wert. Wir entdecken, was wir gemeinsam haben und was uns unterscheidet. Für alle gelten die Kinder- und Menschenrechte.

TYPISCH JUNGE?

Aufgaben: 1. Beschreibe die Bilder.
2. „Typisch Junge – typisch Mädchen" – gibt es das?
3. Gibt es etwas, das du als Junge nicht tun würdest?
Gibt es etwas, das du als Mädchen nicht tun würdest?
4. Gibt es etwas, das du als Mädchen gerne tun würdest?
Gibt es etwas, das du als Junge gerne tun würdest?

TYPISCH MÄDCHEN?

Aufgaben:

5. Gibt es etwas, das du als Mädchen nicht tun sollst? Gibt es etwas, das du als Junge nicht tun sollst? Wie findest du das?
6. Werden Jungen und Mädchen in der Schule gleich behandelt?
7. Dürfen Mädchen und Jungen das Gleiche?

ALLE GLEICH?

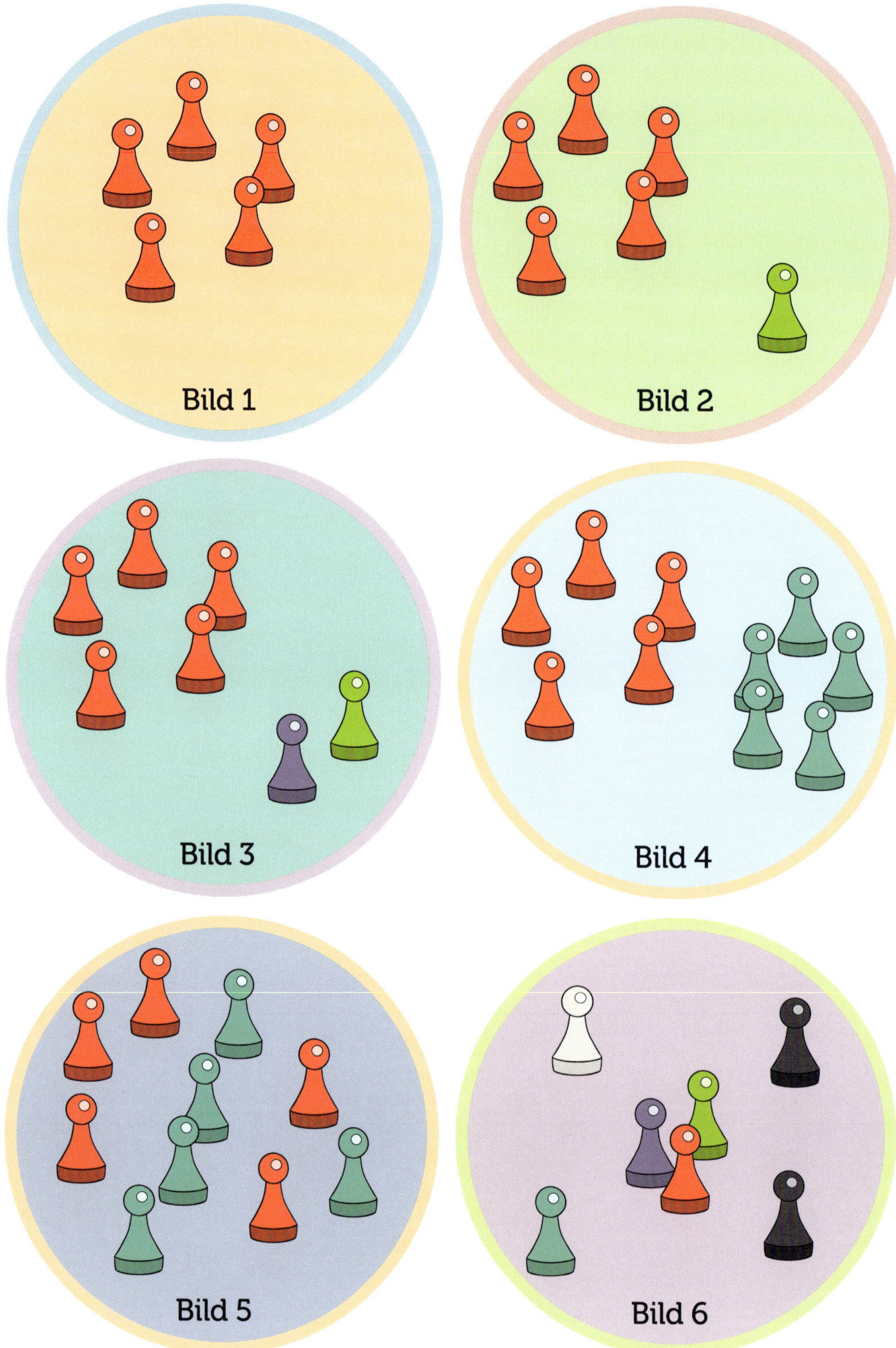

Aufgaben:
1. Worum geht es auf den Bildern?
2. Suche dir ein Bild aus und erzähle dazu eine Geschichte.
3. Stelle dir vor, wie die Figuren sich fühlen. Beschreibe.
4. Warst du schon einmal in einer ähnlichen Lage?
5. Stelle dir vor, du bist eine rote Figur.
   In welches Bild würdest du gerne hineingehen? Warum?
6. Male dich als gelbe Figur. Wer wäre noch auf dem Bild?
7. Sind alle Menschen gleich?

Dürfen alle dasselbe?

Linh hat eine Krankheit. Damit es ihr trotzdem gut geht, muss sie regelmäßig essen – auch mitten im Unterricht.
Als Linh heute kurz vor Ende der Stunde ihr Brot isst, packt auch Milo seine Brotdose aus.
Die Lehrerin sieht das und ermahnt Milo, mit dem Essen bis zur Pause zu warten.
„Aber ich habe jetzt Hunger! Und Linh darf auch ihr Brot essen!", ruft Milo.
Alle in der Klasse schauen Linh an.
„Milo, du wartest, bis in zehn Minuten die Stunde vorbei ist. Bis dahin wirst du es wohl noch schaffen!", sagt die Lehrerin und macht mit ihrem Unterricht weiter.
„Das ist ungerecht!", mault Milo. „Warum darf sie in der Stunde essen und ich nicht?"

Aufgaben:
1. Was denkst du: Wie fühlen sich Linh und Milo?
2. Müssen alle immer gleich behandelt werden?
3. Kennst du Beispiele, in denen ungleiche Behandlung gerecht ist?
4. Was ist Gerechtigkeit?

WAS BRAUCHE ICH ...

Aufgaben: 1. Was brauchst du für ein gutes Leben?

2. Kinder haben diese Kisten im Humanistischen Lebenskundeunterricht gestaltet. Was siehst du auf den Bildern?

... FÜR EIN GUTES LEBEN?

Aufgaben: 3. Was würden die Kinder sich in der jeweiligen Situation wünschen? Was könnten die Kinder tun?
4. Denke zum Abschluss nochmal über Frage 1 nach. Wie denkst du jetzt darüber?

Alle anders – alle gleich.

WELCHE RECHTE ...

1)
Der Lehrer nennt seine Schülerin öfter beim falschen Namen. Elisa geht zu dem Lehrer und sagt: „Ich heiße nicht Ella. Ich bin doch Elisa!"

2)
Jedes Wochenende unternimmt Familie Schubert Ausflüge. Die Familie entscheidet gemeinsam, wo es hingeht.

3)
Lucy wohnt eine Woche bei Mama und eine Woche bei Papa. Ihre Eltern haben sich getrennt. Sie kümmern sich aber beide gleichviel um Lucy.

4)
Walid sieht nicht so gut wie andere Kinder. Heute geht er mit seiner großen Schwester zum Augenarzt. Der Arzt prüft jedes Jahr, ob Walid die Brille noch passt.

5)
Tim und Carlo haben Luca nach jedem Spiel geärgert, geboxt und seine Kleidung versteckt. Wenn er dann weinte, haben sie ihn ausgelacht. Deshalb hat der Trainer entschieden, dass die beiden nicht mehr zum Training kommen dürfen.

6)
Die Lehrerin plant mit den Kindern einen Ausflug. Der darf nicht zu teuer werden, damit auch Jonas und Alina mitfahren können.

... HABEN KINDER?

Aufgaben:
1. Lest die Texte.
2. Ordnet die beschriebenen Situationen dem jeweiligen Recht zu.
3. Denkt euch zu einem der anderen Rechte eine Geschichte aus.
4. Warum haben Kinder eigene Rechte?

WAS WIRD ...

Aufgabe: 1. Welche dieser Feste kennst du?

... HIER GEFEIERT?

Aufgaben: 2. Woran erkennst du, dass die Menschen ein Fest feiern?
3. Welche Feste hast du schon erlebt?
Male ein Bild und erzähle den anderen davon.

Jugendfeier

Ich heiße Jan. Meine große Schwester Lea geht schon in die achte Klasse. Im Mai feiert sie die Jugendfeier der Humanisten. Damit ist Lea schon fast erwachsen. Sie darf nun viel mehr, muss aber auch mehr Verantwortung übernehmen. Zur Feier wird sie sich besonders schön anziehen. In einem Festsaal gibt es ein tolles Programm für die Jugendlichen und ihre Familien. Am Nachmittag feiern Verwandte und Freundinnen Leas Jugendfeier im Garten. Lea bekommt Geschenke. Wir essen zusammen und sind lustig. Die ganze Familie ist schon aufgeregt.

Geburtstag

Hallo, ich bin Kim. Der Geburtstag ist für mich der tollste Tag des Jahres. An diesem Tag bin ich geboren worden. Ich bin schon acht Jahre alt. An meinem Geburtstag bekomme ich Geschenke von der ganzen Familie und darf Freunde einladen. Das wird immer lustig.

Ostern

Ich heiße Franziska. Für uns Christen ist Ostern das wichtigste Fest. Zwei Tage vor Ostersonntag ist Karfreitag. An diesem Tag denken wir an den Tod von Jesus. Er starb am Kreuz. Wir Christen glauben, dass er von den Toten wieder auferstanden ist. Deshalb ist Ostern für meine Familie ein großes Freudenfest. Wir gehen in die Kirche, essen etwas Schönes, machen Spaziergänge und besuchen Verwandte. Auch Menschen, die keine Christen sind, feiern Ostern als Frühlingsfest. Sie verstecken und suchen bunte Ostereier und Süßigkeiten. Manche machen ein Osterfeuer, um den Winter zu vertreiben.

... FEIERN WIR?

Zuckerfest

Wir sind Musliminnen und heißen Ayshe und Selina. Unsere Familie fastet im Monat Ramadan. Die Großen essen und trinken in diesen Wochen tagsüber nichts, erst wenn es dunkel ist.
Nun freuen wir uns auf das Zuckerfest, das Ende des Fastens. Am ersten Festtag ziehen alle schöne Kleidung an und gehen mit der Familie in die Moschee. Beim Festgebet wollen viele dabei sein! Danach besuchen wir Verwandte und Freunde. Es gibt süßes Gebäck und Bonbons. Wir Kinder freuen uns besonders auf die Geschenke.

Chanukka

Ich, Benjamin, feiere mit meiner jüdischen Familie im Dezember Chanukka, das Lichterfest. Vor langer Zeit verbot ein König unsere Religion. Einige Mutige wehrten sich und eroberten unsere Tempel zurück.
Als Zeichen der Freude entzündeten sie einen Leuchter, in dem nur Brennöl für einen Tag war. Das Licht brannte aber acht Tage lang. Es war wie ein Wunder. Deswegen dauert auch Chanukka acht Tage. An jedem Tag wird eine Kerze mehr angezündet. Außerdem essen wir an Chanukka viel in Öl Gebackenes, zum Beispiel Kartoffelpuffer oder Krapfen. Mit meiner Familie gehe ich in die Synagoge, dort singen und beten wir. Wir Kinder bekommen Geschenke.

Aufgaben:
1. Was haben alle Feste gemeinsam?
2. Welche Feste kennst du noch?
3. Welches Fest ist dir am wichtigsten – und warum?
4. Kann man auch alleine ein Fest feiern?

KAPITEL 4

Freiheit

Selbst entscheiden

Um unser Leben
selbst zu gestalten,
brauchen wir Freiheit.
Freiheit ist nicht
immer leicht.
Frei zu entscheiden
bedeutet auch,
die Folgen für
sich und andere
zu bedenken.

WAS IST FREIHEIT?

Aufgaben: 1. Wie geht es den vier Hunden?
2. Wie frei sind die Hunde?

… UND FÜR MICH?

Aufgaben:
1. Welche Freiheiten nehmen sich die Kinder?
2. Welche dieser Freiheiten hättest du gerne? Warum?
3. Wann fühlst du dich frei? Wann nicht?
4. Kann man alleine freier sein als zusammen mit anderen?

Selbst entscheiden

MEINE FREIHEIT

Aufgaben: 1. Beschreibe das Bild.
2. Was tut Philipp und wie fühlt er sich?
3. Was tut Sarah und wie fühlt sie sich?

Aufgaben: 4. Was könnte passieren? Spielt es nach.
5. Was wäre, wenn jeder tun könnte, was er will?

KANN ICH TUN, …

Entscheide ich selbst, …

… wer mein Freund ist?

… was ich esse (und wie)?

… ob meine Haare geschnitten werden?

… wer mich umarmen darf?

… ob ich mitspiele?

… ob ich etwas abgebe und wem?

... WAS ICH WILL?

Entscheide ich selbst, ...

... wem ich ein Geheimnis erzähle?

... was ich tue, wenn mich jemand ärgert?

... was ich glaube?

... wen ich zum Geburtstag einlade?

... ob ich den Schulweg alleine gehe?

Aufgaben:
1. Was darfst du entscheiden? Was nicht? Warum?
2. Warum dürfen Erwachsene mehr entscheiden als Kinder?
3. Willst du alles selbst entscheiden dürfen?

WELCHE FOLGEN HAT …

Was soll Ole tun?

Endlich ist die Stunde vorbei – große Pause!
Zusammen mit den anderen rennt Ole aus dem Klassenraum. Er kann es kaum erwarten, auf den Hof zu kommen.
Heute spielt Ole mit seiner Mannschaft Fußball und er steht im Tor.
Alle aus der Mannschaft finden, dass Ole der beste Torwart ist. Er hat schon oft Bälle gehalten und mitgeholfen, dass seine Mannschaft gewinnt.

Auf der Treppe zum Pausenhof ist viel Gedrängel. Ein paar Stufen vor Ole fällt Amin hin und verletzt sich.
Alle anderen rennen weiter.
Ole möchte Amin helfen!
Er will der Lehrerin Bescheid sagen, dass sie sich um Amin kümmern soll, und er will Amin trösten.
Aber unten auf dem Hof wartet doch seine Mannschaft! Wenn Ole nicht im Tor steht, gewinnt sicher die andere Mannschaft. Und sie haben nur die große Pause für ihr Spiel. Die anderen wollen bestimmt nicht auf Ole warten.

Aufgaben:
1. Worüber denkt Ole nach?
2. Welche Folgen hätte es, wenn Ole Amin hilft?
3. Welche Folgen hätte es, wenn Ole sich für seine Mannschaft entscheidet?

... MEIN HANDELN?

Aufgaben: 4. Wie würdest du dich entscheiden,
- wenn Amin dein Freund wäre?
- wenn du ihn gar nicht leiden könntest?
- wenn Amin ein fremdes Kind wäre?

5. Gibt es eine richtige Entscheidung?

Selbst entscheiden

Hast du heute schon eine gute Frage gestellt?
Gibt es Monster?

Vernunft

Die Welt verstehen

Mit Vernunft können wir die Welt besser verstehen. Menschen können sich irren und wissen nicht alles genau. Nachdenken hilft uns herauszufinden, was richtig oder falsch ist.

WORAN ...

Aufgaben: 1. Erzähle, was du siehst.
2. Was fällt dir zu den Wesen ein?
3. Glaubst du an diese Wesen?

Aufgaben: 4. Vor welchem hast du Angst? Warum?
5. Welches magst du? Warum?
6. Spielt eine Figur vor, die anderen raten.

WENN ICH EINEN WUNSCH FREI HÄTTE

Aufgaben:
1. Was wünschst du dir?
2. Was kannst du tun, damit dieser Wunsch in Erfüllung geht?
3. Kann jeder Wunsch in Erfüllung gehen?
4. Wünschen sich alle Menschen dasselbe?

DER TRAUM VOM FLIEGEN

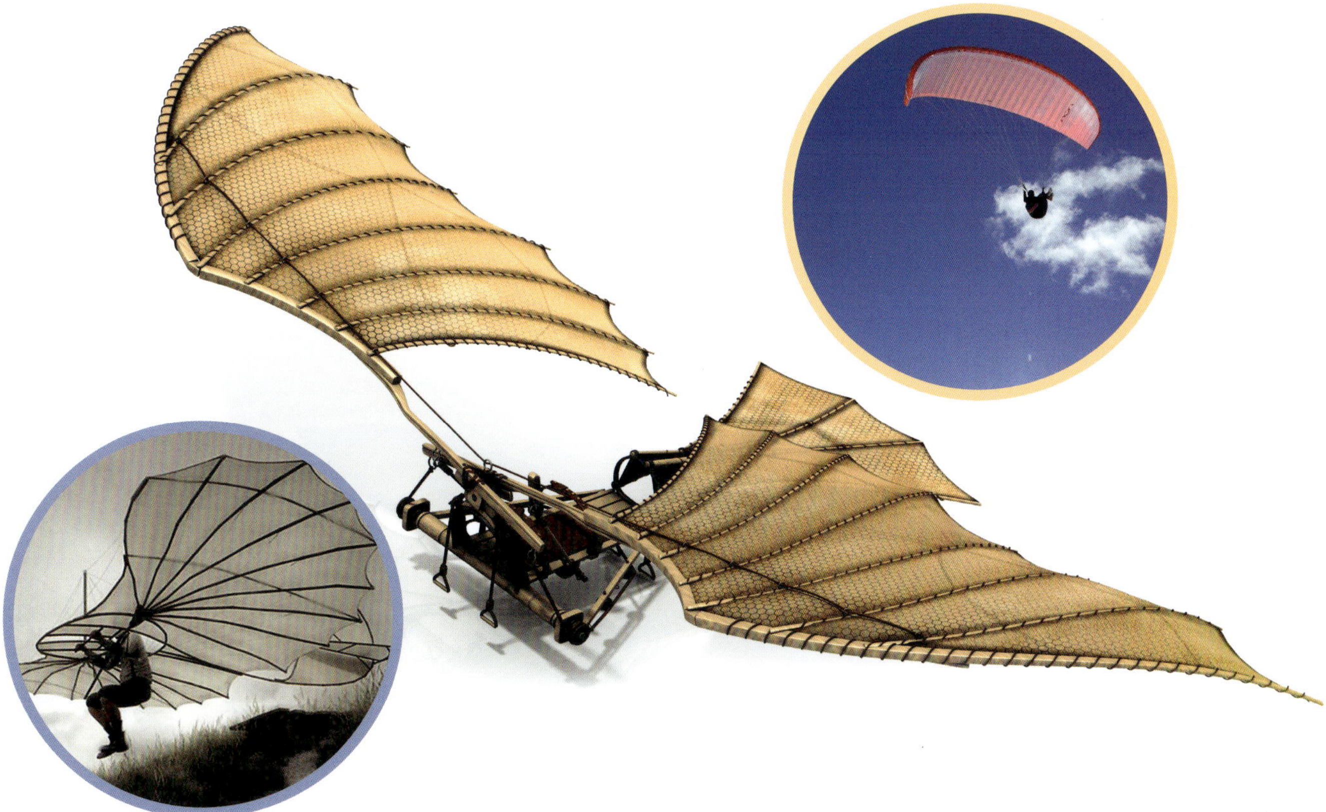

Schon immer träumen Menschen davon, wie ein Vogel zu fliegen. Vielleicht hast auch du dir das schon mal gewünscht?

Der bekannte Künstler und Forscher Leonardo da Vinci hat vor 500 Jahren überlegt, wie dieser Traum wahr werden könnte. Er hat ganz genau die Natur beobachtet, um rauszufinden, wie Vögel fliegen. Denn: Wenn Vögel fliegen können, warum nicht auch Menschen?

Leonardo dachte, dass eine Flugmaschine für Menschen den Vogelflug „nachahmen" müsste. Er hat viele verschiedene Fluggeräte gezeichnet, manche davon sehen aus wie ein riesiger Vogel.

Was Leonardo erträumte, hat nicht gleich funktioniert. Aber die Menschen haben sich nicht entmutigen lassen. Sie haben immer weiter geforscht, gebaut und ausprobiert ... Vor gut 100 Jahren gab es dann tatsächlich das erste Flugzeug.

Und mit dem Traum vom Fliegen hat alles angefangen!

Aufgabe: 1. Wozu sind Träume gut?

Die Welt verstehen

DIE WAHRHEIT FINDEN ...

Heute hat Shirin Geburtstag. Sie hat acht Kinder eingeladen.

Der ist für Eli. Er kommt erst später.

Eli ist doch noch nicht da!

„Wer hat von dem Muffin gegessen?"

Aufgabe: 1. Was ist auf Shirins Geburtstag passiert?

... IST MANCHMAL SCHWER

Aufgaben: 2. Kann das sein?
3. Kannst du das überprüfen?

KANN ICH ALLES GLAUBEN?

Aufgaben:
1. Was davon hast du schon gehört?
2. Hast du das schon mal probiert? Erzähle.
3. Woher weißt du etwas?
4. Wem glaubst du am ehesten?
5. Wie kann man herausfinden, ob etwas stimmt oder nicht?

Aufgaben: 1. Was denkst du, wer hat recht?
2. Wie könnte man es herausfinden?
3. Probiert es aus.

Woran glaubst du?
An dich!

Weltlichkeit

Das Leben gestalten

Menschen haben unterschiedliche Vorstellungen von der Welt. Humanistinnen und Humanisten glauben an keinen Gott. Weltlichkeit bedeutet, sein Leben aus eigener Kraft sinnvoll zu gestalten. Dabei hilft Vertrauen in sich und in andere.

ICH VERTRAUE ...

Aufgaben: 1. Was siehst du auf den Bildern?
2. Was trauen sich die Kinder zu?

Aufgaben: 3. Was hilft ihnen dabei?
4. Male oder erzähle, was du dich schon getraut hast.

WENN ES ...

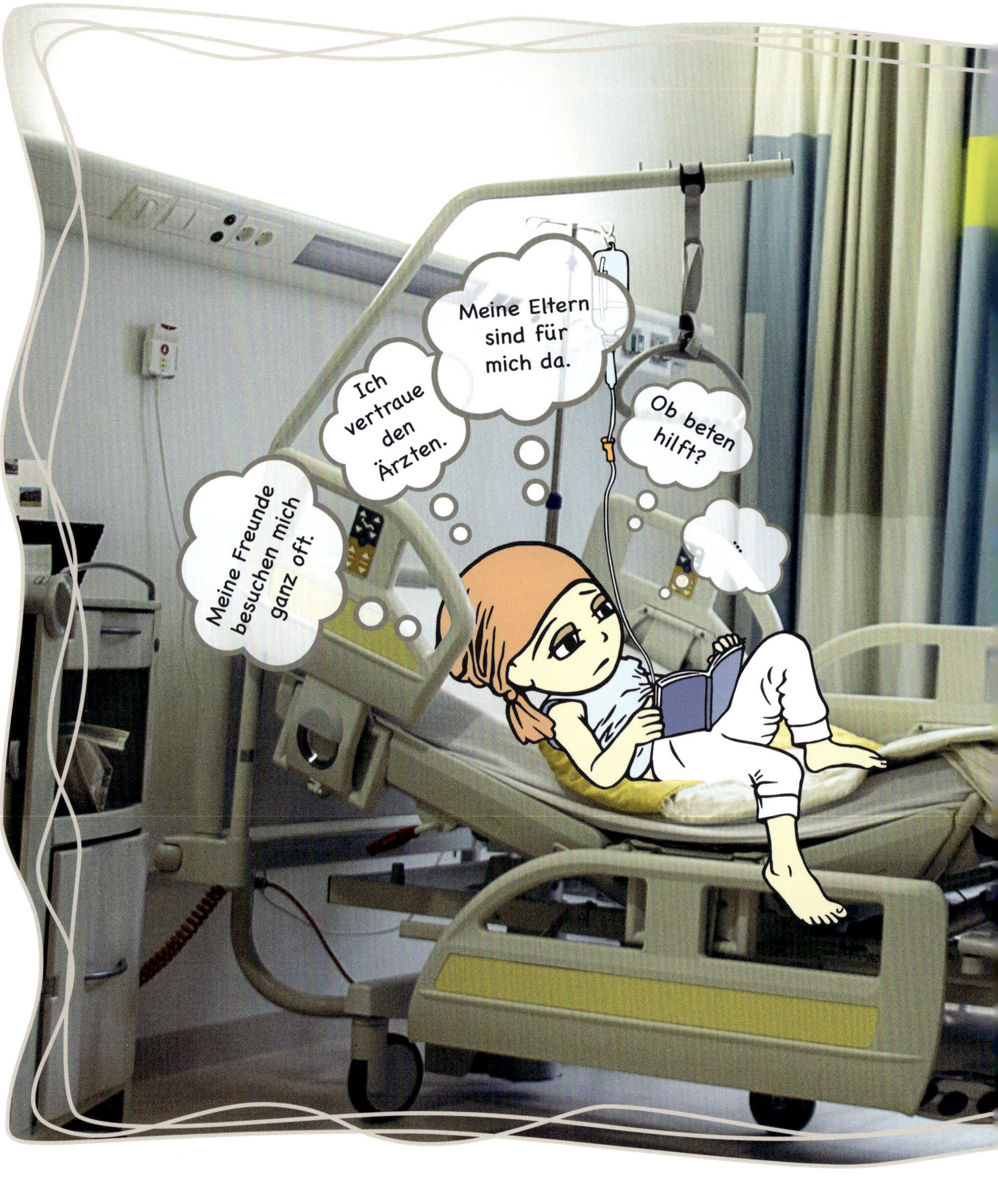

Aufgaben: 1. Was ist mit dem Kind los?
2. Wie fühlt sich das Kind?

Aufgaben: 3. Was hilft dem Kind?
4. Wer hilft dir, wenn es dir schlecht geht?

DAS LEBEN ...

Aufgaben: 1. Beschreibe die Bilder.
2. Was wird aus dem Samenkorn?
3. Wovon hängt sein Leben ab?

DAS LEBEN ...

Ayshe zieht um

Toms Haustier ist gestorben

Und bei dir?

Aufgaben: 1. Wie ist es für die Kinder, wenn sich ihr Leben ändert?
2. Welche Situation kennst du?
3. Wie bist du damit umgegangen?

Akiras Eltern trennen sich

Emma bekommt einen Hund zum Geburtstag

Murat bekommt ein Geschwisterkind

Aufgaben: 4. Wie wäre es, wenn sich nie etwas ändern würde?
5. Welche Veränderungen wünschst du dir?

Bildnachweis

Adobe Stock: S. 4/5 sasac, S. 16/17 Iakov Kalinin, S. 28 maglara, S. 29 Galina Andrushko, S. 78 th-photo
adpic: S.62/63
Anja von der Ahé: S. 6/7, S. 14/15, S. 18/19, S. 38/39, S. 46/47, S. 52/53, S. 62/63
Lenny von der Ahé: S. 12/13, S. 72/73
Maria Belinskaya, Israelitische Gemeinde Freiburg K. d. ö. R.: S. 47
Therese Block: S. 69
Depositphotos: Cover Pixelchaos, S. 62 bertoszig, S. 79 Hannamariah, imtmphoto
Volker Döring: S. 24/25
dpa Picture-Alliance: S. 46 Photoshot, Stockbrokerxtra/Shotshop/picture, S.47 ZUMAPRESS.com, SZPhoto, Eventpress
Dreamstime: S. 12/13 Chrupka, Sebastian Czapnik, S. 22/23, 29, 58 Witold Krasowski, S. 24/25 Kyoza3d, S. 64/65 Leo Blanchette, S. 68 Öcsi Balázs
© ESA/NASA: Cover, S. 62/63
fassadengruen.de: S. 10/11
Katrin Freese: S. 24/25
Grundschule Tannenweg, Glinde: S. 14/15, S. 32/33
Kontrast Fotostudio: JugendFEIER 2018 im Friedrichstadt-Palast Berlin, S. 46
Maxpixel.net: S. 12/13
Felix-Mittermeier.de: Cover
Susanne Pälmer PICNIC Fotografie Soest: S.12/13
Pixabay: Cover, S. 6/7, S. 8/9, S. 10/11, S. 12/13, S. 14/15, S. 16/17, S. 18/19, S. 22/23, S. 29, S. 36/37, S. 38/39, S. 45/46, S. 50/51, S. 52/53, S. 54/55, S. 58/59, S. 62/63, S. 64/65, S. 68/69, S. 72/73, S. 74/75, S. 76/77, S. 78/79
Public Domain Pictures: S.72/73 Larisa Koshkina
Rhoenadler, delta-club-82.com: S. 64/65
shopforclipart.com: S. 12/13 Timur Sharafeev
Sarah Stell: S.62/63
Sven Thale: S. 42/43
Shutterstock: S. 46 Rawpixel.com, S. 62/63 MicroOne

Sollten trotz sorgfältiger Recherche nicht alle Bildquellen korrekt wiedergegeben sein, bitten wir Sie, sich mit dem Humanistischen Verband Berlin-Brandenburg in Verbindung zu setzen.